CLÁSICOS DE ORO
El diario
de Ana Frank
y
Corazón, diario
de un niño

CLÁSICOS DE ORO
El diario
de Ana Frank
y
Corazón, diario
de un niño

SELECTOR ®
actualidad editorial

SELECTOR®
actualidad editorial

Doctor Erazo 120, Col. Doctores, C.P. 06720, México, D.F.
Tel. (01 55) 51 34 05 70 • Fax (01 55) 51 34 05 91
Lada sin costo: 01 800 821 72 80

Título: EL DIARIO DE ANA FRANK Y CORAZÓN, DIARIO DE UN NIÑO
Autor: Ana Frank y Edmundo de Amicis
Adaptadores: Patricia Galván Macías y Gabriela de los Ángeles Santana
Colección: Clásicos de oro

Adaptación de las obras originales *El diario de Ana Frank y Cuore*

Diseño de portada: Socorro Ramírez Gutiérrez
Ilustraciones de interiores: Eduardo Chávez
Ilustraciones de portada: Mónica Jácome y Sergio Osorio

D.R. © Selector, S.A. de C.V., 2011
          Doctor Erazo 120, Col. Doctores,
          Del. Cuauhtémoc,
          C.P. 06720, México, D.F.

ISBN: 978-607-453-110-7

Primera edición: noviembre 2011

Sistema de clasificación Melvil Dewey

833
F1 y A9
2011

Frank, Ana y Edmundo de Amicis
El diario de Ana Frank y Corazón, diario de un niño / Ana Frank y
Edmundo de Amicis.–
Ciudad de México, México: Selector, 2011.

160 pp.

ISBN: 978-607-453-110-7

1. Literatura universal. 2. Literatura infantil y juvenil.

Características tipográficas aseguradas conforme a la ley.
Prohibida la reproducción parcial o total de la obra
sin autorización de los editores.
Impreso y encuadernado en México.
Printed and bound in Mexico.

Índice

El diario de Ana Frank

Ana Frank 9

Síntesis 10

Introducción 11

Corazón, diario de un niño

Edmundo de Amicis 85

Síntesis 86

Introducción 87

Octubre 89

Noviembre 105

Diciembre 117

Enero 125

Febrero 135

Marzo 141

Abril 147

Mayo 153

Junio 157

El diario de Ana Frank

Ana Frank
(1929-1945)

Nació en Alemania. Era hija de Otto Frank y de Edith Holländer y hermana menor de Margot Frank. Una familia de judíos alemanes.

En 1942 cumplió 13 años y le regalaron un diario, en él escribió, durante más de dos años, sus experiencias en un escondite mientras se ocultaba con su familia y otras cuatro personas de los nazis en Holanda, durante la Segunda Guerra Mundial, dado que Adolf Hitler culpaba a los judíos de los problemas sociales y económicos.

Murió en el campo de concentración de Bergen-Belsen en 1945, poco antes de la liberación, cuando tenía apenas 15 años.

Su diario ha sido publicado en más de 67 idiomas y es un fiel testimonio de los horrores de la guerra.

Síntesis

Ana Frank era una niña judío-alemana. El 12 de junio de 1942 cumplió 13 años y le regalaron un diario, en él escribió sus experiencias en un escondite, construido en un edificio de oficinas, mientras se ocultaba de los nazis en Holanda, junto con sus padres, su hermana y otros cuatro judíos.

Los 8 habitantes convivían, se apoyaban y planeaban su vida después de la guerra. Aunque a veces tenían carencias y sentían desesperación, se consideraban muy afortunados comparados con otros judíos.

Miedo, tristeza, angustia, alegría y esperanza son sentimientos plasmados por esta pequeña escritora, quien soñaba con el fin de la guerra y vivir libremente con su familia.

Introducción

Seguramente tú, que eres pequeño, no has tenido la intención de leer un libro que hable sobre los horrores de la guerra y es comprensible. En el mundo de los niños sólo debería haber cosas bellas. Entonces, ¿por qué leer *El diario de Ana Frank*?

Creemos que por dos razones esenciales: una es para que sepas que algunos niños han pasado situaciones difíciles y aún así no han perdido su alma de niños, como Ana, cuyo diario se encontró en su escondite y en él dejó plasmado, con una inteligencia bien armonizada, lo que tristemente aconteció con su vida.

La otra razón es para pedirte que, ahora que eres pequeño, estés siempre a favor de la paz, la libertad y la esperanza.

Domingo, 14 de junio de 1942.

El viernes, 12 de junio, me levanté antes de las 6 de la mañana, algo comprensible puesto que era el día de mi cumpleaños. Ahora bien, aquí no permiten ser tan madrugadora. Tuve, pues, que contener mi curiosidad. Luego, cuando ya no pude más, fui con mamá y papá para desempacar todos mis regalos.

DIARIO
DE
ANA
FRANK

Sábado, 20 de junio de 1942.

La razón de escribir aquí es por que no tengo amigas a quienes hacerles mis confidencias y deseo que este diario personifique a una amiga, a quien llamaré Kitty.

Querida Kitty:

Verdaderamente, no he tenido tiempo de escribir hasta hoy. Pasé la tarde del jueves en casa de unos amigos. El viernes tuvimos visitas y así sucesivamente hasta hoy. Harry y yo hemos empezado a conocernos mejor. Él me ha contado una buena parte de su vida: llegó a Holanda sin sus padres y vive en casa de sus abuelos. Sus papás se han quedado juntos en Bélgica.

Domingo, 5 de julio de 1942.

Por la mañana.

Querida Kitty:

Papá, en estos últimos tiempos, se queda a menudo en casa. Oficialmente se ha retirado de los negocios. ¡Es una sensación bastante desagradable para él sentirse inútil! El señor Koophuis retomó la empresa de papá. El otro día, mientras paseábamos por la plaza, mi papá comenzó a hablar de un escondite. Me pregunto por qué tiene que hacerlo y es que según él para los judíos, es decir, para nosotros, vienen tiempos muy difíciles.

Miércoles, 8 de julio de 1942.

Querida Kitty:

Me parece que han pasado años entre el domingo por la mañana y hoy. ¡Qué de acontecimientos! Tú no sabes nada de esto pero te diré que mi papá ha recibido un citatorio de la SS. Mamá acaba de salir a ver al señor Van Daan, que es un colega de papá y amigo nuestro. Yo estaba aterrada: todo mundo sabe que una cita de la SS significan campos de concentración y no quiero que mi padre parta hacia allá.

Jueves, 9 de julio de 1942.

Querida Kitty:

Nos pusimos en camino bajo una lluvia tupida, papá y mamá llevaban cada quien una bolsa de provisiones repleta de Dios sabe qué y yo mi bolsa llena a reventar. Por el camino, los obreros nos miraban compasivamente, sus rostros expresaban la tristeza de ver a los que tenemos una estrella amarilla.

Sábado, 11 de julio de 1942.

Querida Kitty:

Ni papá, ni mamá ni mi hermana Margot son capaces de habituarse a nuestras actuales circunstancias. Desde hace meses habían transportado a nuestro escondite algunos muebles, ropa de cama y parte de nuestra indumentaria. El escondite está en el edificio de la oficina de papá y, aunque su personal no era numeroso, los señores Kraler y Koophuis, Miep y Elli Vossen, quienes estaban enterados de nuestra llegada, nos ayudarán.

Domingo, 27 de septiembre de 1942.

Querida Kitty:

Me siento oprimida, indeciblemente oprimida por el hecho de no poder salir nunca, y tengo muchísimo miedo de que seamos descubiertos y fusilados. El escondite se ha preparado para varios ocupantes incluyendo a la señora y el señor Van Daan, junto con su hijo Peter. El señor Koophuis, quien es nuestro protector y nos trae las noticias de fuera, nos ha dicho que él hizo circular la versión de que un alto oficial del Ejército nos ayudó a escapar hacia Suiza.

Jueves, 1 de octubre de 1942.

Querida Kitty:

Ayer tuve un miedo terrible. A las ocho sonó el timbre con persistencia, sólo se me ocurrió una cosa: que eran ellos.

Pero todo mundo afirmó que sólo se trataba de pilletes o del cartero, y me tranquilicé.

Jueves, 29 de octubre de 1942.

Querida Kitty:

Papá está enfermo, y su estado me inquieta mucho. Sufre de eczema, con fuerte fiebre; como te imaginarás ni siquiera podemos ir a buscar al médico. Mamá se esfuerza mucho por hacerlo sudar. Quizá su fiebre baje.

Miércoles, 10 de noviembre de 1942.

Querida Kitty:

Una noticia formidable: ¡Vamos a recibir a una persona suplementaria en nuestro escondite! Sí, siempre habíamos pensado en darle albergue y comida a una octava persona, pero temíamos abusar de la responsabilidad de Koophuis y Kraler, nuestros protectores. Ya todo había quedado preparado y Dussell, quien es dentista, aceptó gozoso.

Querida Kitty:

Con un día de diferencia nuestra Januca (que es una fiesta que realizamos los judíos) y san Nicolás han caído en la misma fecha este año. Para la fiesta de Januca no hemos preparado muchas cosas: algunas golosinas solamente y, sobre todo, las velitas, aunque eran pocas por la escasez. Para san Nicolás todo fue más bonito, pues todos trajeron regalos muy ingeniosos, a mí me prepararon un bizcocho en forma de muñeca. Nunca habíamos celebrado la fiesta de san Nicolás, pero fue muy agradable.

Miércoles, 13 de enero de 1943.

Querida Kitty:

El terror reina en la ciudad. Noche y día, transportes repletos e incesantes de esa pobre gente, provistas tan sólo de una bolsa al hombro y un poco de dinero, lo cual les quitan en el trayecto, según dicen. Separan a las familias, haciendo grupos de hombres, mujeres y niños.

Sábado, 1 de mayo de 1943.

Querida Kitty:

Al reflexionar, de vez en cuando, sobre la manera como vivimos aquí, llego casi siempre a la conclusión: en comparación con los judíos que no están escondidos, nosotros debemos sentirnos en el paraíso. Pero nunca acabaré de asombrarme hasta qué punto estamos ahora reducidos.

Domingo, 13 de junio de 1943.

Querida Kitty:

Para mi cumpleaños mi papá me hizo un poema que es demasiado bonito, además he recibido tres bonitos regalos, entre ellos un grueso libro sobre mi tema preferido: la mitología de Grecia y de Roma.

Lunes, 26 de julio de 1943.

Querida Kitty:

Quiero contarte lo que cada uno de nosotros desea hacer al salir de aquí. Lo que más desean Margot y el señor Van Daan es meterse hasta la barbilla en un baño muy caliente. La señora Van Daan, antes que nada, quiere ir a comer golosinas. Dussell, el dentista, no puede pensar en nada más que en su mujer. Mamá en su taza de café. Papá en visitar al señor Vodssen. Peter en ir al cine. Y yo me sentiría extasiada y tan contenta que no sabría por dónde empezar.

Lo que más deseo es estar en mi casa, poder circular libremente e ir a la escuela.

Jueves, 16 de septiembre de 1943.

Querida Kitty:

En el escondite las cosas no son tan fáciles. Es más, van de mal en peor. En la mesa nadie se atreve a abrir la boca (salvo para comer), porque la menor palabra corre el riesgo de ser mal interpretada o molestar a los demás. Me dan todos los días valeriana para calmar los nervios. Yo conozco otro remedio mejor: reír, reír de buena gana, pero nosotros nos hemos olvidado ya de la risa.

Domingo, 17 de octubre de 1943.

Querida Kitty:

Koophuis ha vuelto, gracias a Dios. Después de su enfermedad y una operación que le hicieron, por fin está aquí. Está aún bastante paliducho. Se encarga de vender ropa de los Van Daan. Los Van Daan andan cortos de fondos y las discusiones entre ellos son horripilantes porque ninguno quiere deshacerse de su ropa, abrigos o zapatos.

Lunes, 8 de noviembre de 1943.

Por la noche.

Querida Kitty:

Si tú leyeras mis cartas una detrás de otra, no podrías dejar de notar que varían según esté bien o mal dispuesta, y eso no me agrada mucho. Noto que todos estamos de mal humor y es comprensible por tanto encierro; definitivamente las personas adquieren experiencias curiosas si atraviesan por las circunstancias que hemos pasado nosotros.

Miércoles, 22 de diciembre de 1943.

Querida Kitty:

Una gripe fastidiosa me ha impedido volver a escribirte antes de hoy. Es horrible estar enferma en circunstancias semejantes. Cada vez que tenía que toser me acurrucaba bajo las frazadas para no hacer ruido y pudieran escuchar arriba, en la oficina. Tratando de poner silencio en mi garganta, la irritaba más y tuve que soportar terribles remedios para poder aliviarme.

"PAZ 1944"

Lunes, 27 de diciembre de 1943.

Querida Kitty:

El viernes por la noche, nosotros, que somos judíos, festejamos la Navidad por primera vez, pues los que nos han ayudado todo este tiempo, es decir, Miep, Elli, Koophuis y Kraler, nos prepararon una deliciosa sorpresa. Miep nos hizo un pastel de Navidad que decía: "Paz 1944". Elli nos regaló una libra de mantequilla; para mi hermana, para Peter y para mí trajeron yogur y para los mayores cerveza. Además de eso, todos estos días han transcurrido sin ningún suceso interesante.

Domingo, 6 de enero de 1944.

Querida Kitty:

Como mi deseo de hablar de veras con alguien, se ha vuelto por fin demasiado fuerte, se me ha ocurrido elegir a Peter como víctima.

Más de una vez he entrado en su cuartito, lo encuentro muy simpático, sobre todo a la luz de la lámpara eléctrica. Peter, por huraño que sea, nunca correrá de su cuartito a nadie.

Jueves, 27 de enero de 1944.

Querida Kitty:

Aunque me aplico particularmente a mis deberes escolares, pues no he dejado en todo este tiempo de estudiar, también me paso una gran parte de los domingos recortando y clasificando mi colección de artistas de cine, esto gracias al señor Kraler que me trae todos los lunes *Cine y teatro*.

Sábado, 12 de febrero de 1944.

Querida Kitty:

Allá afuera el sol brilla, el cielo es de un azul intenso, el viento es agradable y tengo unas ganas locas de todo... De charlas, de libertad, de amigos, de soledad. Tengo unas ganas locas... de llorar.

Miércoles, 23 de febrero de 1944.

Querida Kitty:

Desde ayer hace buen tiempo, y me siento completamente cambiada. Cada mañana voy al granero donde trabaja Peter y donde el aire refresca mis pulmones saturados de moho. Desde mi sitio preferido, en el suelo, miro el cielo azul, el castaño aún desnudo, en cuyas ramas brillan las gotitas, las gaviotas y los otros pájaros plateados que cortan el aire con su vuelo rápido.

Domingo, 27 de febrero de 1944.

Querida Kitty:

En el fondo, de la mañana a la noche, yo no hago más que pensar en Peter. Me duermo evocando su imagen, sueño con él durante la noche, y me despierto todavía bajo su mirada.

Querida Kitty:

¡Oh, qué feliz soy! ¿Empieza a quererme al fin y al cabo? De cualquier modo es muy simpático y, quizá, ¡quién sabe!, vamos a tener conversaciones magníficas.

La mamá de Peter parece consentir que él y yo platiquemos, pero no deja de hacer comentarios al respecto.

Jueves, 23 de marzo de 1944.

Querida Kitty:

Nuestros asuntos van un poco mejor. Gracias al cielo, nuestros proveedores de falsas tarjetas de provisiones de alimentos, que habían sido encarcelados, ya están libres y podemos comprar, aunque sea cuatro tarjetas, aun cuando somos ocho.

Miércoles, 29 de marzo de 1944.

Querida Kitty:

Anoche en la trasmisión de radio, el ministro Bolkenstein ha dicho en su discurso que después de la guerra se coleccionarán cartas de memorias de tiempos de guerra. Todos me miraron a mí. ¡Imagínate una novela sobre el escondite escrita por mí! Diez años después de la guerra, seguramente causaría un extraño efecto mi historia de ocho judíos en un escondite con todo y su forma de vivir, de comer y de hablar.

Lunes, 3 de abril de 1944.

Querida Kitty:

Después de 21 largos meses que nos albergamos aquí, tenemos problemas de alimentación, pero no sólo nosotros en el escondite, en toda Holanda y toda Europa. Nosotros hemos hecho experimentos de comidas programadas, pero eso significa que tenemos que comer el mismo platillo por largas temporadas. No es gracioso tener que comer coles en el desayuno y en la cena todos los días, pero uno se resigna cuando tiene mucha hambre.

Viernes, 14 de abril de 1944.

Querida Kitty:

La atmósfera está muy tensa, mi papá tiene los nervios a flor de piel, la señora Van Daan está resfriada, en cama, y su nariz es una verdadera trompeta, el señor Van Daan está muy enojado, pues no tiene ni un cigarro. Sólo veo rostros descontentos y sombríos.

Milércoles, 19 de abril de 1944.

Querida Kítty:

¿Hay algo mejor en el mundo que mirar la naturaleza por una ventana abierta, oír gorjear a los pájaros, sentir las mejillas calentadas por el sol y tener en los brazos a un muchacho al que se quiere mucho?

Su brazo en torno mío, me siento muy bien y muy segura. ¡Quisiera que nadie viniera a estorbarnos nunca, ni siquiera su pequeño gato *Mouschi*!

Jueves, 25 de mayo de 1944.

Querida Kitty:

Todos los días ocurre algo. Esta mañana, nuestro proveedor de legumbres ha sido arrestado, tenía a dos judíos en su casa. Es un golpe terrible para nosotros, no sólo porque dos pobres judíos más se hallaban al borde del abismo, sino porque el proveedor se encuentra también en el mismo trance.

Martes, 13 de junio de 1944.

Querida Kitty:

Mi aniversario ha pasado de nuevo, ya tengo 15 años, he recibido bastantes regalos.

Mi papá y el señor Van Daan están seguros de nuestra liberación antes del 10 de octubre, dadas las noticias en estos días.

Aquí termina el diario de Ana Frank. El 14 de agosto de 1944 la Feld Polizei irrumpió en el escondite, todos sus habitantes así como Kraler y Koophuis fueron arrestados y enviados a campos de concentración.

En marzo de 1945, Ana murió en el campo de concentración de Bergen-Belsen, dos meses antes de la liberación de Holanda.

Corazón, diario de un niño

Edmundo de Amicis
(1846-1908)

Escritor, novelista y periodista italiano, cuyas obras, de carácter instructivo, pedagógico y popular, gozaron de gran aceptación.

Muy joven inició la carrera militar, alcanzó el grado de oficial de infantería y participó en la batalla de Custoza, en 1866.

Después fue director de la revista *L´Italia Militare*, donde publicó artículos de la vida militar. Y como corresponsal del *Nazione* visitó muchos países, por lo que escribió varios libros de viajes.

Su obra se caracteriza por una mezcla de romanticismo y realismo. El tono didáctico, moralista y educativo se advierte en su libro *Corazón, diario de un niño*, el cual, dado su éxito, fue traducido a casi todas las lenguas europeas.

Síntesis

Durante un ciclo escolar, Enrique, alumno de primaria, escribe en su diario todas sus vivencias al lado de sus compañeros: Garrón, Coreta, Precusa, Deroso y Estardo, entre otros.

Perbono es su maestro, quien, además de instruirlos académicamente, los educa con emotivos cuentos, donde los protagonistas son niños héroes en la guerra o en la vida civil.

Enrique comparte también las cartas escritas por sus padres y por su hermana, quienes lo animan a seguir adelante.

Al final del ciclo, él se siente agradecido con su maestro, su familia, sus amigos y, sobre todo, por los conocimientos adquiridos y las enseñanzas de vida.

Introducción

Edmundo de Amicis (1846-1908), novelista italiano que dedicó gran parte de su vida a difundir sus ideas sobre la educación de los jóvenes, participó en la vida militar y muchas de las historias que aquí se cuentan son reales. *Corazón, diario de un niño* ha sido traducido a todas las lenguas cultas, ya que es un emotivo llamado a los valores universales como la modestia, el patriotismo, el valor cívico, y otros. Aquí encontrarás un mundo conocido para ti: el de la escuela. La época es el siglo XIX: Italia lucha por conseguir su unidad tras una cruel guerra contra los austriacos.

Octubre

El primer día de escuela

Hoy es el primer día de clase, también es el primer día que escribo en este diario. Mi madre me condujo esta mañana para inscribirme en la tercera elemental. Recordaba el campo e iba de mala gana. ¡Nueve meses por delante! ¡Cuántos trabajos, cuántos exámenes mensuales y cuántas fatigas! Vi a algunos pequeñines que no querían entrar en el aula; otros, al ver que se marchaban sus padres, rompían a llorar. A mí me tocó el maestro Perbono en el primer piso. Le tomé mucho afecto cuando se acercó a nosotros y nos dijo:

—No tengo familia. No tengo en el mundo más que a ustedes. Hemos de pasar un año juntos, procuremos pasarlo lo mejor posible. Ustedes son mi familia.

En el recreo saludé a mis compañeros. Garrón es el mayor de la clase; tiene cerca de 14 años, piensa como hombre y protege al pequeño Nelle, quien es jorobadito y tiene el rostro descolorido.

Otro me agrada también; se apellida Coreta y siempre está alegre. Es hijo de un empleado de ferrocarril que ha sido soldado en la guerra de 1866. También está Precusa, el hijo del herrero, a quien su padre le pega; y Crosi, el pelirrojo del brazo malo, cuya madre es verdulera. Todos ellos son estudiosos, pero ninguno puede competir con Deroso, el primero de la clase. Todo lo aprende sin esfuerzo.

La escuela

Sí, querido Enrique, el estudio es duro para ti, pero oye, piensa un poco y considera ¡qué despreciables y estériles serían tus días si no fueras a la escuela! Piensa en los obreros que van a la escuela por la noche, después de haber trabajado todo el día; piensa en los niños mudos y ciegos que, sin embargo, estudian; y hasta en los presos que también aprenden a leer y escribir. Desde las últimas escuelas de Rusia, casi perdidas entre los hielos, hasta las últimas escuelas de Arabia, a la sombra de las palmeras, millones y millones de seres van a aprender. Si este movimiento acabara, la humanidad caería en la barbarie. Valor, pues, pequeño soldado: tus libros son tus armas.

Tu padre

El pequeño patriota paduano
(Cuento mensual)

No seré un soldado cobarde, no; pero iría con más gusto a la escuela si el maestro nos contara todos los días un cuento como el de esta mañana. Todos los meses, dice, nos contará uno; nos lo dará escrito y será siempre el relato de una acción buena y verdadera, llevada a cabo por un niño. El cuento de hoy trató de un chico de 11 años.

TÍTERES

Hacía dos años que su padre y su madre, labradores de los alrededores de Padua, lo habían vendido al jefe de cierta compañía de titiriteros, el cual, después de enseñarle varios trucos a fuerza de golpes y haciéndolo pasar hambre, lo había llevado a trabajar a Francia y España.

En Barcelona, el chico se escapó de su carcelero y corrió a pedir protección al cónsul de Italia, el cual, compadecido, lo había embarcado en un bajel dándole una carta para el alcalde de Génova, que debía enviarlo a sus padres, aquéllos que lo habían vendido como una vil bestia.

Algunos viajeros del barco, que no eran italianos, vieron el deplorable estado del chico y quisieron escuchar su historia. Para darse tono con las señoras le regalaron monedas. El niño sonrió por primera vez pensando en que podía comprarse algo de comer y cambiar sus andrajos por una chaqueta.

Los extranjeros siguieron bebiendo y empezaron a platicar de sus viajes. Así terminaron hablando de Italia: "un pueblo ignorante", "sucio" "lleno de estafadores y de bandidos", convenían todos. Entonces, una tempestad de monedas cayó sobre ellos.

—Recobren sus monedas —dijo con desprecio el muchacho—. Yo no acepto limosna de quienes insultan a mi patria.

Noviembre

Los soldados

Creo que no te lo he mencionado, diario, pero Franti es de todos mis compañeros el más desagradable. Desprecia a los que no son de su clase y envidia a Garrón. Ayer, cuando pasaba un regimiento de soldados se echó a reír de uno que cojeaba. Pero de pronto sintió una mano sobre el hombro; se volvió: era el director.

—Óyeme, burlarse de un soldado cuando está en las filas, cuando no puede vengarse ni responder, es como insultar a un hombre atado; es una villanía. Franti desapareció.

—Deben querer a los soldados y saludar con respeto a la bandera tricolor —dijo el director.

El pequeño vigía lombardo
(Cuento mensual)

La historia de este mes se ubica poco después de la batalla de Solferino y San Marino durante la guerra contra los austriacos por el rescate de Lombardía en 1859. Trata de un muchacho como de 12 años, con grandes ojos azules y cabellos rubios y largos.

Un oficial le había pedido que subiera a un fresno para ver si llegaban las tropas enemigas.

En pocos momentos el muchacho estuvo en la copa del árbol.

—A la derecha, cerca del cementerio, entre los árboles, hay algo que brilla; parecen bayonetas —declaró el pequeño.

En aquel momento, un silbido de bala agudísimo pasó cerca.

—¡Bájate, muchacho! —gritó el oficial—. Te han visto los enemigos.

—No tengo miedo —respondió el chico—. El árbol me resguarda. Déjeme ver qué hay a la izquierda.

—¡Abajo! —repitió el oficial con energía y furioso. Otra bala había pasado cerca.

—A la izquierda, donde hay una capilla, me parece ver...

Un tercer silbido pasó por lo alto, y en seguida se vio al muchacho venir abajo.

—¡Maldición! —gritó el oficial acudiendo en su ayuda. Pero mientras decía "ánimo", el muchacho movió los ojos e inclinó la cabeza. Había muerto.

La noticia de su muerte corrió entre los soldados. Un oficial le puso su cruz roja, otro lo besó en la frente y las flores continuaban lloviendo sobre sus desnudos pies. Envuelto en la bandera, fue enterrado como soldado.

Los pobres

Dar la vida por la patria, como el muchacho lombardo, es una virtud; pero no olvides, hijo mío, otras virtudes no menos brillantes. Esta mañana pasaste junto a un pobre que tenía en sus rodillas a un niño extenuado y pálido, y que te pidió limosna. Tú la miraste y no le diste nada. No te acostumbres a pasar con indiferencia delante de la miseria. A los pobres les gusta la limosna de los niños porque no les humilla, y porque los niños, que necesitan de todo el mundo, se les parecen. La limosna del hombre es acto de caridad; pero la del niño es además caricia. ¡Nunca pases delante de una madre que pide limosna, sin dejarle un socorro en la mano!

Tu madre

Diciembre

El pequeño escribiente florentino
(Cuento mensual)

Estaba en la cuarta clase elemental. Era un gracioso florentino de 12 años, de cabellos rubios y tez blanca, hijo mayor de cierto empleado de ferrocarriles, que también trabajaba como copista. El muchacho veía a su padre desgastarse la vista noche tras noche en esta difícil tarea, pero no aceptaba su ayuda. Entonces una noche esperó a que éste se acostara y se puso a escribir, imitando lo mejor que pudo la letra de su padre.

Así pasaron meses. Sin embargo, las calificaciones de Julio comenzaron a bajar, pues el chico, por más que se esforzaba, no lograba la misma concentración de antes.

El padre lo reprendió con severidad:

—Julio, tú ves que yo trabajo, que yo gasto mi vida por la familia. Sabes que hay necesidad de hacer muchas cosas, de sacrificarnos todos y me pagas con esas calificaciones.

Una tarde, mientras comían, la madre notó lo pálido que estaba el chico.

—La mala conciencia hace que tenga mala salud. No estaba así cuando era estudiante aplicado e hijo cariñoso.

—¡Pero está enfermo! —exclamó la mamá.

—¡Ya no me importa! —respondió el padre. Aquellas palabras fueron para Julio como una puñalada en el corazón.

Sin embargo, aquella noche se levantó todavía y empezó con su tarea. Entretanto, su padre estaba detrás de él; se había levantado y ahora lo comprendía todo, así que corrió a abrazar a su hijo.

—¡Oh, padre mío, perdóname! —gritó reconociéndolo.

—¡Perdóname tú a mí! Lo sé todo. Por favor, ve a dormir, santa criatura mía —dijo el padre sollozando. Y Julio, rendido, se durmió por fin; y cuando despertó vio la blanca cabeza de su padre que había pasado la noche a su lado.

Enero

Virtudes

Sabes, diario, esta mañana, Estardo obtuvo una medalla de segundo lugar. ¡Quién lo diría! Cuando su padre lo metió en la escuela dijo delante de todos:

—Tengan paciencia con él porque es muy tardo para comprender.

No cabe duda de que su voluntad es de hierro. ¡Bravo, Estardo; quien trabaja, vence!

—Otra virtud que debes mantener es la gratitud —dijo mi padre. Pronuncia siempre con respeto el nombre de "maestro", que después del de "padre", es el nombre más dulce que puede dar un hombre a su semejante.

El tamborcillo sardo
(Cuento mensual)

El 24 de julio de 1848, un grupo de soldados italianos se vieron rodeados por dos compañías del ejército austriaco. Apenas pudieron refugiarse en una casa solitaria y reforzar la puerta. Iba con ellos un tamborcillo sardo, un muchacho de 14 años, de cara morena aceitunada. El capitán del grupo se dirigió a él:

—¡Tambor! ¿Tú tienes valor?

—Sí, mi capitán.

—Mira allá abajo, donde brillan aquellas bayonetas están los nuestros. Necesito que atravieses la cuesta, corras por los campos, y entregues este papel al primer oficial que veas.

—Confíe usted en mí, mi capitán —dijo el tambor mientras salía.

A los pocos momentos el muchacho corría cuesta abajo. De pronto fue descubierto por los austriacos. Las balas sacaban pequeñas nubes de polvo.

—¡Muerto! —exclamó consternado el capitán, pues el tamborcillo había caído. Sin embargo, el chico se levantó y siguió corriendo, aunque cojeaba. Varias veces tuvo que detenerse y reanudar la carrera. Por fortuna, llegó a tiempo para avisarle a los aliados su posición de resistencia. Los soldados enemigos salieron huyendo y ahí terminó la batalla.

Al día siguiente, el capitán fue a ver a todos los heridos.

—¡Mi capitán! —dijo el tamborcillo.

—¡Cómo! ¿Eres tú? —le preguntó el capitán admirado, pues pensaba que sólo se había torcido el pie—. ¿Estás herido?

El tamborcillo se veía muy débil.

—Debes haber perdido mucha sangre —dijo el capitán.

—¿Perdido mucha sangre? —respondió el muchacho sonriendo—. Algo más que sangre. ¡Mire! —Y echó abajo la colcha. El capitán se hizo hacia atrás horrorizado.

El muchacho sólo tenía una pierna. La pierna izquierda se la habían amputado por encima de la rodilla.

En aquel justo instante pasó el médico.

—¡Ah, mi capitán! Esa pierna se habría salvado con poco si él no la hubiera forzado de aquella manera. Es un buen muchacho italiano.

Entonces el capitán mirándolo siempre, levantó la mano hasta la cabeza y se quitó el quepis al mismo tiempo que le decía:

—Yo no soy más que un capitán, pero ¡tú eres un gran héroe!

Febrero

El payasito

Diario, la ciudad parece hervidero, ya que llegó el carnaval y en medio de la plaza se ha puesto un circo. Los titiriteros y los saltimbanquis duermen en tres grandes carretas. ¡Cómo trabajan! Todo el día corren por un puñado de monedas, pero si el viento es fuerte ¡adiós espectáculo!: necesitan devolver las entradas. Me llama la atención un chico como de ocho años. Viste de payaso con una especie de saco grande con mangas. Cuida a su hermano pequeño, transporta aros, limpia los carros y enciende el fuego.

Una noche fuimos al circo; hacía frío y no había casi nadie. Mi padre, que escribe en el periódico, sacó un artículo elogiando al payasito que no dejó de estar en continuo movimiento para tenernos alegres. Al día siguiente, la plaza estaba llena. Cuando volvimos a ir, el payasito, que nos reconoció, no quiso aceptar mis monedas y a cambio me regaló unos dulces junto con un abrazo.

La calle

Te observaba desde la ventana esta tarde al volver de casa de tu maestro. Tropezaste con una pobre mujer y debiste haberle cedido el paso. Debemos respetar la vejez, la miseria, el amor maternal, la enfermedad, la fatiga, la muerte. Pregunta siempre qué tiene, al niño que veas llorando; recoge el bastón al anciano. Si dos niños riñen, sepáralos; si son dos hombres aléjate por no asistir al espectáculo de la violencia brutal que endurece el corazón. Respeta la calle. La educación de un pueblo se juzga, ante todo, por el comedimiento que se observa en la vía pública. Tu ciudad es tu pequeña patria. Estúdiala en sus calles y en su gente; ámala, y cuando oigas que la injurian defiéndela.

Tu padre

Marzo

El pleito

¿Puedes creerlo?, tuve un pleito con Coreta. No fue por envidia porque él obtuviera premio y yo no. El maestro lo colocó a mi lado, yo estaba escribiendo y él me empujó con el codo haciéndome echar un borrón y manchar también el cuento mensual. Me enfurecí y le solté una palabrota. Él me contestó sonriendo:

—No lo hice a propósito.

Debería haberle creído, porque lo conozco. Pero para vengarme le di un empujón y le estropeé la plana. En seguida me arrepentí y quise pedirle perdón. Pero la palabra "perdón" no pasaba por mi garganta.

—Ya nos veremos afuera —me dijo.

—¡Sí que nos veremos afuera!

Sin embargo, cuando salimos de clase se acercó él y con bondadosa sonrisa me dijo:

—No, Enrique, seamos tan amigos como siempre.

Yo tenía la regla levantada para defenderme. Me quedé aturdido. Coreta me abrazó y nos separamos contentos. Cuando le conté a mi padre lo sucedido hizo pedazos mi regla por haberla levantado contra un compañero mucho mejor que yo.

Mi hermana

¿Por qué, Enrique, has peleado también conmigo? ¿No sabes que cuando nuestro padre y nuestra madre no existan, yo seré tu mejor amiga, la única con quien podrás hablar de nuestros muertos y de la infancia?

¡Ah, Enrique! Siempre encontrarás a tu hermana con los brazos abiertos. Escríbeme alguna palabrita cariñosa, te lo suplico.

Tu hermana Silvia.

P.D. Para demostrarte que no estoy enfadada, copié para ti el cuento mensual.

Abril

La madre de Garrón

¿Sabes?, ayer recordé las palabras de mi padre cuando me dijo que el más terrible de todos mis días sería el día en que perdiera a mi madre. Las recordé porque la madre de Garrón había muerto. Todos sentimos una gran angustia en el corazón cuando lo vimos entrar al aula. Tenía la cara sin vida, los ojos encendidos y apenas se sostenía sobre las piernas. Yo hubiera querido decirle algo pero no sabía qué.

A la salida nadie le habló; todos pasaron a su lado con respeto y en silencio. Yo vi a mi madre que me esperaba y corrí para abrazarla; pero ella me rechazaba y miraba a Garrón. Entonces comprendí por qué no debía abrazarla en ese momento, y salí sin darle la mano.

Valor cívico
(Cuento mensual)

Este mes, en lugar del cuento, fuimos a presenciar la entrega de la medalla del valor cívico al chico que salvó a un compañero en el río Po. El alcalde puso delante de la multitud a una familia. El padre era un albañil, la madre era pequeña y rubia. El muchachito, también rubio, vestía una chaqueta gris.

El alcalde relató la hazaña del chico que había salvado a un compañero que se revolvía en el río. Lo hizo sin titubear a pesar de que el río estaba muy crecido y el riesgo era terrible hasta para un hombre. Había luchado furiosamente contra la corriente para sacar a su amigo y haciendo esfuerzos desesperados lo había salvado.

Entre vivas y aplausos, el chico recibió la medalla. Luego otro muchacho, de unos ocho o nueve años, salió de entre la gente y se lanzó al condecorado dejándose caer en sus brazos.

Todos gritaban: ¡Viva Pinot! Cuando pasó cerca de nosotros lanzamos nuestros sombreros al aire y lo saludamos como a un gran héroe.

Mayo

Sacrificio

Te cuento que esta mañana, Silvia escuchó a nuestros padres conversar preocupados por nuestra situación económica. A papá le había salido mal un negocio y mamá lo animaba.

—Es menester hacer sacrificios. ¿Estás dispuesto? —me dijo mi hermana.

Fuimos con mamá y le dijimos que no queríamos ya el abanico para Silvia ni la caja de pinturas para mí porque sabíamos de los momentos de escasez por los que pasábamos.

—No queremos ni fruta ni otras cosas; nos bastará únicamente con el cocido, y, por la mañana, en la escuela, comeremos pan. ¿No es verdad, Enrique?

—Sí —respondí.

Mi madre se sintió muy contenta y orgullosa de nosotros. Nos dio mil veces las gracias y luego nos aseguró que por fortuna no estábamos tan apurados como creíamos.

¡Pobre padre mío! Esta mañana encontré bajo mi servilleta mi caja de pinturas, y Silvia encontró su abanico.

Junio

Gracias

Diario, está a punto de terminar el año escolar. Otro año, y soy capaz de hacer varias cosas nuevas. Leo y escribo mejor, y también hago cuentas mucho mayores. Estoy contento y agradecido. ¡Cuántos me han ayudado a aprender! Doy gracias a ti, mi buen maestro; a ti, Deroso, mi admirable compañero; a ti, Estardo, por tu voluntad de hierro; a ti, Garrón, por tu generosidad y bondad que se contagian. A Precusa y a Coreta; a ti, padre mío, mi primer maestro; y a ti, madre mía, mi bendito ángel custodio, gracias por toda la ternura que has puesto en mi alma durante 12 años de sacrificios y de amor.

Esta edición se imprimió en noviembre de 2011,
en Grupo Impresor Mexicano, S.A. de C.V.
Av. Ferrocarril de Río Frío No. 2
Col. El Rodeo C.P. 08500, México, D.F.